CIENCIA GRÁFICA

El impactante mundo de la electricidad con Max Axiom supercientífico

por Liam O'Donnell

ilustrado por Richard Dominguez

y Charles Barnett III

Consultor:

Ron Browne, PhD

Profesor Adjunto de Educación Primaria

Minnesota State University, Mankato

CAPSTONE PRESS

a capstone imprint

Graphic Library is published by Capstone Press,
1710 Roe Crest Drive, North Mankato, Minnesota 56003
www.capstonepub.com

Copyright © 2013 by Capstone Press, a Capstone imprint. All rights reserved. No part of this publication may be reproduced in whole or in part, or stored in a retrieval system, or transmitted in any form or by any means, electronic, mechanical, photocopying, recording, or otherwise, without written permission of the publisher.

Library of Congress Cataloging-in-Publication Data
O'Donnell, Liam, 1970– author.
[Shocking world of electricity with Max Axiom, super scientist. Spanish]
El impactante mundo de la electricidad con Max Axiom, supercientífico / por Liam O'Donnell ; ilustrado por Richard Dominguez y Charles Barnett III.
pages ; cm. — (Graphic library en español. Ciencia gráfica)
Audience: Grade 4 to 6
Includes index.
ISBN 978-1-62065-179-7 (library binding)
ISBN 978-1-62065-982-3 (paperback)
ISBN 978-1-4765-1621-9 (ebook PDF)
1. Electricity—Comic books, strips, etc.—Juvenile literature. 2. Graphic novels. 3. Adventure stories. I. Dominguez, Richard, illustrator. II. Barnett, Charles, III, illustrator. III. Title.
QC527.2.O4418 2013
537—dc23 2012019491

Summary: In graphic novel format, follows the adventures of Max Axiom as he explains the science behind electricity—in Spanish

Art Director and Designer
Bob Lentz

Colorists
Ben Hunzeker and Kim Brown

Cover Artist
Tod Smith

Spanish Book Designer
Eric Manske

Editor
Donald Lemke

Translation Services
Strictly Spanish

Production Specialist
Laura Manthe

Printed in the United States 6691

Tabla de Contenidos

SECCIÓN 1
ENERGÍA PARA EL MUNDO
Al caminar por su casa, el supercientífico Max Axiom está por entrar el impactante mundo de la electricidad.
SSSSHHHHHH
SSSSHHHHHH
SSSHHHHHH
SSSSHHHHHH
ZZZZTT!
¡Ay!

¿Lo viste? Recibí una descarga eléctrica del picaporte. No es magia. Es electricidad.
La electricidad está en todas partes. Desde las luces que nos ayudan a ver hasta los hornos que cocinan nuestra comida. Estamos rodeados de electricidad.
¡Le da energía al mundo!
Hasta este picaporte tiene electricidad por dentro. Miremos más de cerca.

¡Exacto! Todo en el mundo está formado por átomos, incluso este picaporte. Y cada átomo contiene un poquito de electricidad.
Pero aún a este tamaño, los átomos son muy pequeños para poderlos ver.
Si nos acercamos, veremos que cada átomo está formado por partículas aún más pequeñas.
Este grupo en el centro se llama el núcleo.
NÚCLEO
ELECTRONES
Las partículas que giran alrededor del núcleo son los electrones.

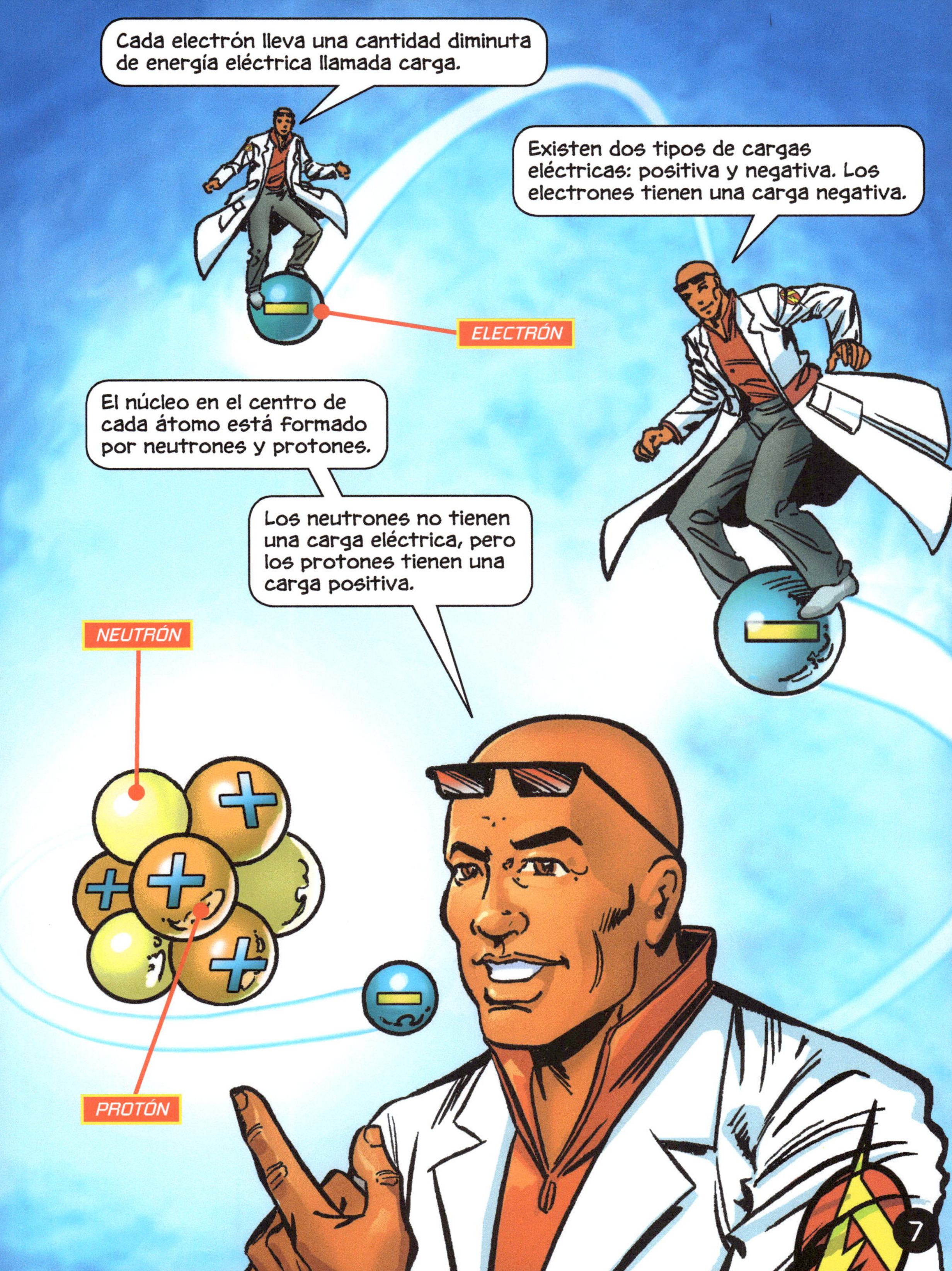
Cada electrón lleva una cantidad diminuta de energía eléctrica llamada carga.
Existen dos tipos de cargas eléctricas: positiva y negativa. Los electrones tienen una carga negativa.
ELECTRÓN
El núcleo en el centro de cada átomo está formado por neutrones y protones.
Los neutrones no tienen una carga eléctrica, pero los protones tienen una carga positiva.
NEUTRÓN
PROTÓN

Los electrones pueden saltar de un átomo a otro. Un átomo con más protones que electrones lleva una carga positiva.
Un átomo con más electrones que protones lleva una carga negativa.
Las cargas positivas y negativas en un átomo controlan el comportamiento del átomo.
Los átomos que llevan cargas opuestas se atraen entre sí.
¿Pero cómo podemos hacer saltar a los electrones? La respuesta está en mis calcetines.

Frotar objetos entre sí es una buena manera de hacer que los electrones salten de un átomo a otro.
Cuando froto mis calcetines contra la alfombra, los electrones saltan desde los átomos de la alfombra a los de mis calcetines.
ZZZZOWWW!
Estos electrones adicionales viajan a mi cuerpo a través de mis calcetines, dándome una carga negativa.
Los electrones adicionales en mi dedo atraen los átomos positivos en el picaporte. Cuando ellos saltan, yo recibo una descarga.
Pero no podemos dar energía a la TV con nuestros calcetines. Por lo tanto, ¿de dónde viene la electricidad?

Para hacer electricidad, necesitas energía.
La energía se halla en muchas de las fuentes naturales de la Tierra.
El agua está llena de energía.
La energía en el viento se atrapa con turbinas de viento.
Hasta el carbón en minas profundas debajo la tierra está lleno de energía.
¿Cómo convertimos estas fuentes de energía en electricidad potente?

FUENTES DE ENERGÍA
La energía renovable es una fuente que no se puede agotar completamente. El agua en los ríos o el calor del sol son fuentes de energía renovables. La energía del carbón y el petróleo pueden agotarse. Estos son ejemplos de energía no renovable.
Las fuentes de energía se transforman en electricidad en las plantas de energía.
Denise es una operadora en esta planta de energía donde se quema carbón para producir electricidad.
¡Correcto, Max! Casi un millón y medio de toneladas de carbón viajan por esta cinta transportadora cada año.
Vamos. Te mostraré a dónde se dirige todo este material.

En la planta se quema carbón para calentar una caldera de agua y crear vapor.
CHIMENEA
LÍNEA DE VAPOR
GENERADOR
TURBINA
CINTA TRANSPORTADORA DE CARBÓN
CALDERA
CONDENSADOR
Como puedes ver en este diagrama, el vapor viaja a lo largo de la tubería a un motor llamado turbina.
Dentro de una caja de acero, el vapor pasa a través de las paletas de la turbina y hace girar un imán gigante dentro del generador.
LÍNEA DE VAPOR
TURBINA
GENERADOR
Espera un segundo, Denise. Déjame ver más de cerca.

TURBINA: Vapor proveniente del agua que hierve hace girar las paletas de esta máquina.
IMÁN: La turbina hace girar el imán gigante, causando que los electrones salten de sus átomos.
MAX AXIOM
TEMA: GENERADOR DE PLANTA DE ENERGÍA
BOBINA DE ALAMBRE: Los electrones que saltan son capturados y empujados a lo largo de una bobina de alambre.
FLUJO ELÉCTRICO: Los electrones cargados fluyen del generador como electricidad.

Gracias por el tour, Denise. Me voy al techo a ver dónde va después la electricidad.
¡Excelente, Max! Lleva este walkie-talkie y llámame si necesitas algo más.

Las turbinas de viento crean la energía casi de la misma manera. En vez de vapor, el viento hace girar la turbina.
Agua corriente rápida también puede hacer girar turbinas.

Cuando se crea electricidad, la misma tiene que viajar del generador a nuestros hogares.

Por eso vinimos al techo.

La electricidad creada en el generador viaja a través de las líneas de energía. En algunos lugares, los cables están bajo tierra.
La electricidad viaja a través de los cables hasta nuestros hogares. ¡Eso sí que es servicio a domicilio!
¿Cómo está todo allá arriba, Max?
CHIRPP
Excelente, Denise. Estoy bajando ahora mismo.

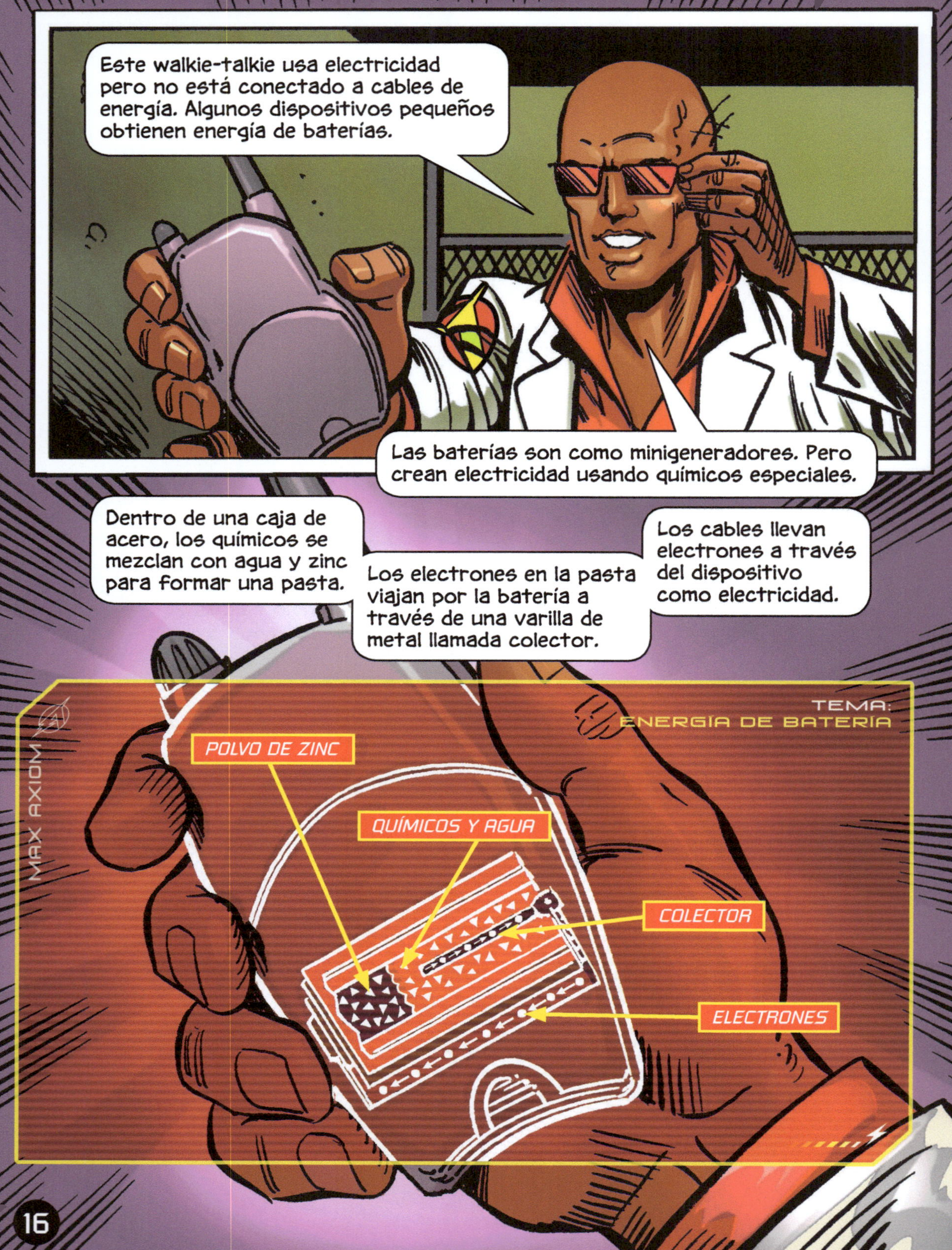
Este walkie-talkie usa electricidad pero no está conectado a cables de energía. Algunos dispositivos pequeños obtienen energía de baterías.
Las baterías son como minigeneradores. Pero crean electricidad usando químicos especiales.
Dentro de una caja de acero, los químicos se mezclan con agua y zinc para formar una pasta.
Los electrones en la pasta viajan por la batería a través de una varilla de metal llamada colector.
Los cables llevan electrones a través del dispositivo como electricidad.
MAX AXIOM
TEMA:
ENERGÍA DE BATERÍA
POLVO DE ZINC
QUÍMICOS Y AGUA
COLECTOR
ELECTRONES

Al igual que las baterías, las plantas de energía empujan electrones a través de cables. Este flujo de electricidad se llama corriente.
¡Y es mejor que te apures, Max! La electricidad se mueve a la velocidad de la luz.
VELOCIDAD DE LA LUZ
La luz viaja a 186,000 millas por segundo, lo que llevaría 1.2 segundos llegar a la Luna desde la Tierra.
La fuerza del empuje detrás de la corriente se mide en voltios. Más voltios significan más energía eléctrica.
Las baterías en el control remoto de una TV empujan 1.5 voltios de electricidad.
¡Esas líneas de energía llevan alrededor de 400,000 voltios!

Toda esta electricidad viaja a través de un sistema llamado red de distribución de energía eléctrica.
Mientras la electricidad viaja a través de la red, se reduce el voltaje.
Luego puede fluir a través de líneas más pequeñas, como las que cuelgan al costado de los caminos.
¡Hola, Jim! Parece que estás ocupado hoy.
Estoy reparando algunas líneas de energía. Si hay un corte en la línea, la electricidad no puede llegar a nuestros hogares.
Toma el equipo de seguridad y ven a mirar lo que hago.

VVROOOSSSSH!!
VVROOOSSSSH!!
Los cables son de cobre, el cual es un conductor. Los conductores permiten que las corrientes eléctricas fluyan a través de ellos fácilmente.
También hace que los cables sean extremadamente peligrosos.
Por supuesto, Max. La corriente eléctrica se mide en amperios. Hasta un solo amperio podría causar un daño peligroso.
¡La mayoría de la gente tiene más de 100 amperios que fluyen a sus hogares!

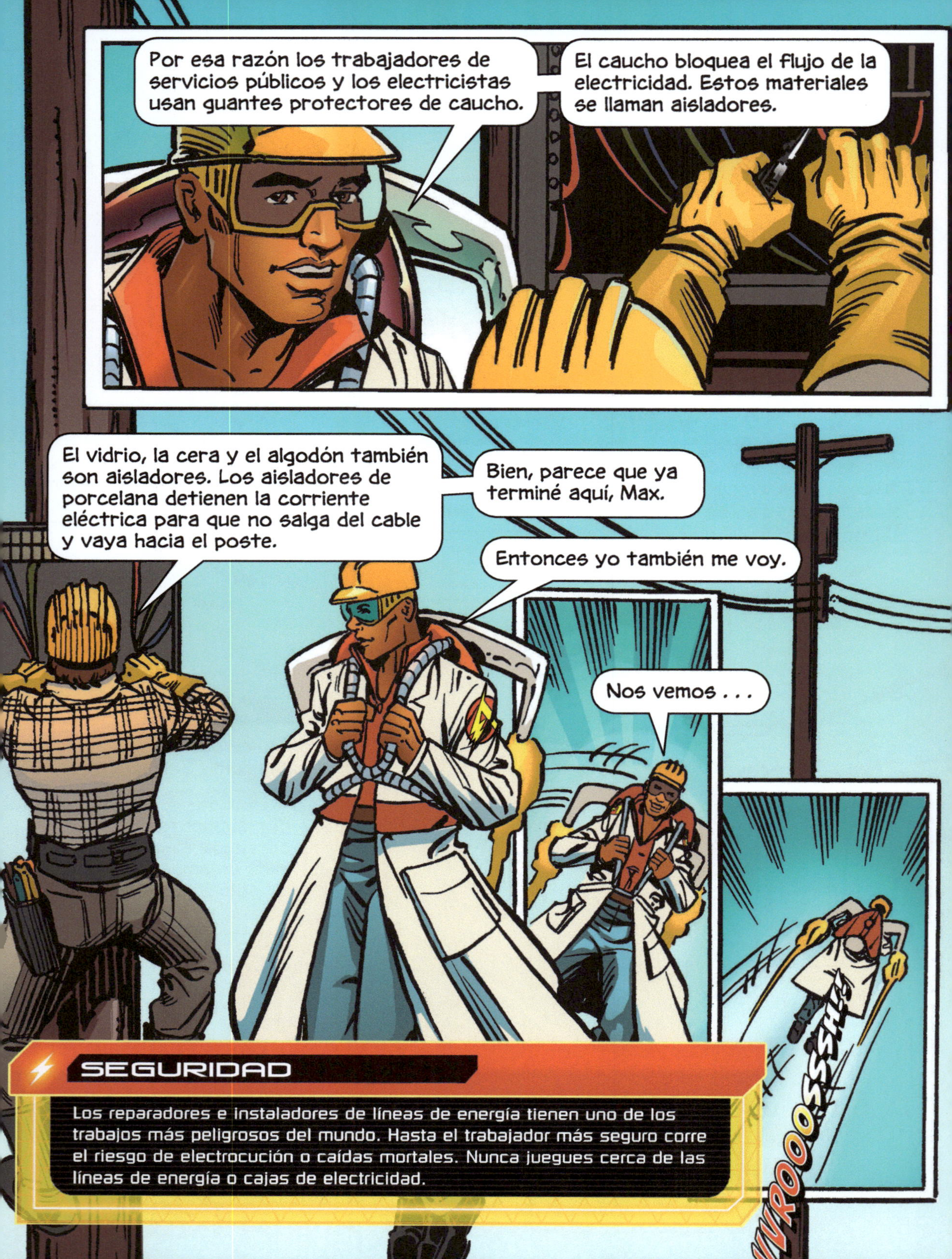
Por esa razón los trabajadores de servicios públicos y los electricistas usan guantes protectores de caucho.
El caucho bloquea el flujo de la electricidad. Estos materiales se llaman aisladores.
El vidrio, la cera y el algodón también son aisladores. Los aisladores de porcelana detienen la corriente eléctrica para que no salga del cable y vaya hacia el poste.
Bien, parece que ya terminé aquí, Max.
Entonces yo también me voy.
Nos vemos . . .
VVROOOOSSSSHH!
SEGURIDAD
Los reparadores e instaladores de líneas de energía tienen uno de los trabajos más peligrosos del mundo. Hasta el trabajador más seguro corre el riesgo de electrocución o caídas mortales. Nunca juegues cerca de las líneas de energía o cajas de electricidad.

Gracias a la gente que trabaja en las plantas de energía y compañías eléctricas, la electricidad viaja seguramente a nuestros hogares.
¿Qué pasa cuando llega allí?
VROOOOOOSSSHH!
Detrás de las paredes de cada hogar hay un sistema de cables, conductores y aisladores. Trae electricidad a cada parte de la casa.
Antes de que la electricidad viaje dentro del hogar, pasa por un medidor eléctrico.
La compañía eléctrica usa el medidor para medir la cantidad de electricidad que usamos cada mes.
Ellos miden la electricidad en unidades llamadas vatios.

La electricidad fluye a cada dispositivo electrónico en un recorrido cerrado llamado circuito.
Un circuito empieza en la fuente de energía, como un enchufe eléctrico o batería.
Acceso autorizado. Hola, Max.
BIINNG
BLIP
Los electrones fluyen desde la fuente de energía a lo largo de cables aislados al dispositivo eléctrico.

CIRCUITO CERRADO
CABLE
INTERRUPTOR
FUENTE
CARGA
La mayoría de los circuitos también tiene interruptores, como el interruptor de la luz.
Cuando el interruptor está cerrado, la electricidad va a través de la bombilla de luz ¡y se ilumina!
Cuando el interruptor está abierto, el recorrido se corta.
Como una línea de energía derribada, la electricidad no puede fluir de la fuente a la carga.

La electricidad viaja grandes distancias, a gran velocidad. Viaja desde la planta de energía a nuestros hogares instantáneamente.
No empieza a trabajar hasta que llega a un circuito cerrado como el que está conectado a una lámpara.
KLIK
¿Pero cómo la corriente ilumina la bombilla de luz?
Dentro de la bombilla hay un metal llamado tungsteno. Puede llevar una corriente eléctrica pero no tanto como el cable de cobre.
El tungsteno es llamado resistor. Bloquea algo de la corriente eléctrica. La corriente bloqueada se convierte en energía.
RESISTOR

Los resistores se hallan en casi todo dispositivo eléctrico. Ayudan a convertir la corriente eléctrica en . . .
luz,
movimiento,
sonido,
y calor.
Con la electricidad a solo un clic de distancia, es fácil olvidarnos lo valiosa que es para todos.
BLIP!

Limitar cuánta electricidad usamos se llama conservación.
KLIK
Si tienes frío en el invierno, usa un suéter en lugar de subir la calefacción.
En el verano, abre una ventana en vez de encender el aire acondicionado.
KLIK
Y cuando no estés usando la computadora, la radio, las luces o TV . . .
BLIP!
KLIK
. . . apágalas.

La electricidad es tan importante como tener agua limpia para beber o aire para respirar.
Al conservar electricidad, ayudas a asegurarte de que siempre la tendrás cuando la necesites.
SSSSHHHHHH SSSSHHHHH
ZZZTT!
¡Ay!
Creo que saber cómo trabaja la electricidad no la hace menos impactante.

MÁS SOBRE ELECTRICIDAD

En 1752 el inventor Benjamín Franklin voló una cometa durante una tormenta eléctrica para probar que los rayos son electricidad. Cuando su cometa entró en una nube oscura, la electricidad recorrió hacia la llave que Franklin ató al extremo del hilo. Cuando Franklin tocó la llave recibió una descarga eléctrica. Este doloroso experimento convenció a Franklin que los rayos y la electricidad eran lo mismo.

De hecho, el rayo es una forma extrema de electricidad estática. Dentro de las nubes de tormenta, pequeñas partículas se frotan entre sí para crear una carga eléctrica negativa. Esta electricidad negativa se estira hacia la electricidad positiva, que comienza a elevarse del suelo. Las cargas opuestas se encuentran para formar un rayo brillante de electricidad.

El 21 de octubre de 1879, el inventor Thomas Edison creó la bombilla de luz incandescente. Casi tres años después, abrió la primera planta eléctrica central en la Ciudad de Nueva York. Pronto, miles de estadounidenses estaban iluminando sus hogares con las bombillas de Edison.

Las tormentas están llenas de electricidad natural, pero los cielos soleados también tienen energía. La energía solar es una fuente renovable de energía del Sol. Paneles especialmente diseñados llamados células capturan la luz solar y la convierten en electricidad.

Los cables que llevan electricidad a nuestros hogares son extremadamente peligrosos. Por lo tanto, ¿cómo pueden las aves posarse sobre ellos? La electricidad siempre busca el camino más cercano a la tierra. Debido a que las aves no están tocando la tierra, la electricidad continúa seguramente a lo largo de los cables. Sin embargo, si una persona toca los cables mientras está en contacto con la tierra, él o ella podrían recibir una descarga eléctrica mortal.

La electricidad también puede generarse a través de la fusión nuclear. Durante este proceso, los átomos son aplastados juntos para crear un electrón adicional. El electrón crea energía para hervir agua y hacer girar una turbina. Como la energía solar, la energía nuclear no poluciona el aire. Desafortunadamente, crea desechos peligrosos.

La creación de la electricidad a menudo crea polución, la cual puede ser dañina para el medio ambiente. Para ayudar a reducir la cantidad de electricidad usada en tu hogar, reemplaza una bombilla de luz incandescente por una bombilla de luz fluorescente. Pueden durar hasta 13 veces más y ahorrar electricidad. Si cada hogar en EE.UU. cambiase solo una bombilla, la cantidad de la polución prevenida se compararía a retirar 1 millón de autos de las carreteras.

MÁS SOBRE

Nombre real: Maxwell J. Axiom
Ciudad natal: Seattle, Washington
Estatura: 6' 1" **Peso:** 192 lbs
Ojos: Marrón **Cabello:** No tiene

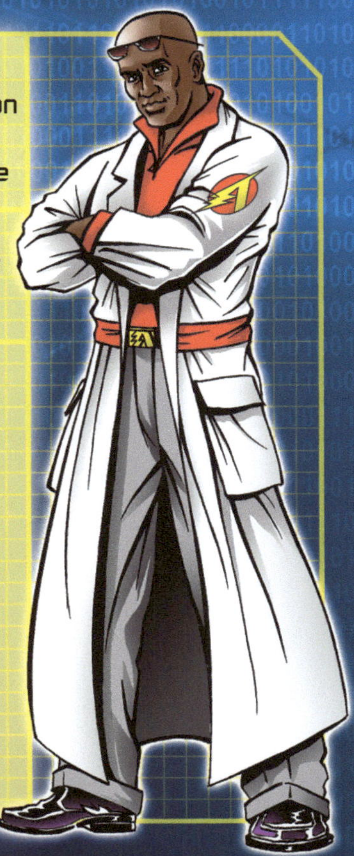

Supercapacidades: Superinteligencia; capaz de encogerse al tamaño de un átomo; los anteojos le dan visión de rayos X; la bata de laboratorio le permite viajar a través del tiempo y el espacio.

Origen: Desde su nacimiento, Max Axiom parecía destinado a la grandeza. Su madre, una bióloga marina, le enseñó a su hijo sobre los misterios del mar. Su padre, un físico nuclear y guardabosques voluntario, le enseñó a Max sobre las maravillas de la Tierra y el cielo.

Un día durante una caminata en áreas silvestres, un rayo mega-cargado golpeó a Max con furia cegadora. Cuando se despertó, Max descubrió una nueva energía y se dispuso a aprender todo lo posible sobre la ciencia. Viajó por el planeta y obtuvo grados universitarios en cada aspecto del campo científico. Al volver, estaba listo para compartir su conocimiento y nueva identidad con el mundo. Se había transformado en Max Axiom, supercientífico.

Glosario

el aislador—un material que bloquea una corriente eléctrica

el amperio—una unidad usada para medir la fuerza de la corriente eléctrica

el circuito—el camino por el que se dirige la electricidad

el conductor—un material que permite que la electricidad viaje fácilmente

la corriente—el flujo de una carga eléctrica

el electrón—una pequeña partícula en un átomo que viaja alrededor del núcleo

la energía—la habilidad de mover cosas o realizar trabajo

el generador—una máquina que genera electricidad al girar un imán dentro de una bobina de alambre

el núcleo—el centro de un átomo; un núcleo está formado por neutrones y protones

el protón—una de las partes diminutas en el núcleo del átomo

la turbina—un motor energizado por vapor o gasolina; el vapor o gasolina se mueve a través de las paletas de un dispositivo semejante a un ventilador y lo hace girar

el vatio—una unidad para medir energía eléctrica

FactHound brinda una forma segura y divertida de encontrar sitios de Internet relacionados con este libro. Todos los sitios en FactHound han sido investigados por nuestro personal.

Esto es todo lo que tienes que hacer:

Visita *www.facthound.com*

Ingresa este código: 9781620651797